제1회
선원의 날 기념식

2024. **6. 21** (금) 13:20
한국해양대학교 대강당 (부산 영도)

*새로운 시작,
우리의 위대한 항해*

주최 | 해양수산부   주관 | 선원의 날 추진위원회

횃불 밝힌 청룡
- 선원의 날

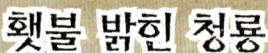

신익교

내륙에 앞장을 선 새 시대 개척자로
일본의 침략에도 맞대응 게릴라 전
동남아 해적 떼들을 물리친 젊은 전사들

조국은 바람 앞 등불 세차게 불어오고
신무기 새총에도 제압시킨 비격지천뢰
뱃길을 깨우친 뱃사람 지켜온 이 강산

사람은 인간답게 상호간 존경대응
엄지손 내민 열정 세계만방 우뚝서서
백두산 상상봉오리 포효하는 해양건아.

선원의 날을 맞이해 축하를 전합니다.

〈사랑화석〉

계성천(계룡천)

지구가 탄생되어 인류의 발길 따라
세상이 뒤바뀌어 바다는 육지가 되나
계성천 사랑화석이 전해주는 옛 이야기

한여름 대 홍수에 숨쉴 곳 어디더냐
하천의 복원력에 아기도 동참이라
웅장한 대웅전 불당 들려오는 풍경소리

산하는 메마르니 숨쉴 곳은 어디뇨
이무기 설치되어 척박한 지역이라
산사의 풍경소리가 천년 혼을 깨운다

▲제6회 대한민국문화예술명인대전 봉사인 대상 시상식(왼쪽 뒷줄 세번째 신익교 시인)

04
2024.11

횃불 밝힌 청룡

신익교 시집

도서출판 평강

| 인사 시 |

신 익 교

송출 인력 첫 단초 시발점은 해양대학 졸업생인 최초 통신사(김강웅), 기관사(이상래 기관장) 출신이 1965년도 부터였다. 1970년 수영공항에 어버이께서 짝지 짚고 대합실에 들어서신다.

향년 86세, 너 오늘 떠나는 거야? 부자 이별이 웬말인고? 삼지 속에 봉투 하나 꺼내어 주신다. 고향이 그리울 때 읽어보아라.

6대조 수와공 지태 할아버지께서 삼척을 방문 동해비문을 탁본한 것인데 한편 재난을 예방한다는 뜻이라고 하셨다.

일본인이 사용한 26년생 낡은 고철선에 36명이 승선하였으나 서고(書庫)에는 13m 야한 영사기와 두고 간 서적 뿐이다. 이곳에 우리 문화를 심으리라

이(李) 라인이 사라지고 북양행 길이 열렸다.

첫 작품 『송출선원』해외 취업노보에 투고한 후 해기사 편집장 고(故) 김동규 선생으로부터 시조 권유를 접수한 후, 북양가는 냉동운반선에 45일의 예정에 달랑 한 달 분, 보름 분은 생쥐가 물어갔나?

닻 내린 캄차카에 깡깡 선박정비는 한(恨) 깃든 소리, 칠곡에 한 잔의 물은 선인들의 생존이련다.

1999년 창녕문화원 이사인 청우 신용찬 시인이 진해에 거주하고 있는 영산 출신 김홍식 선생과 대화하던 중 고려말 공민왕의 왕사가 되어 급진 개혁정책을 펼친 신돈이 영산 출신인데 신돈 왕사에 대한 재평가가 이루어져야 할 싯점인데도 누구하나 나서는 사람이 없다고 말하면서 영산 출신인 김홍식 선생이 이 일에 앞장서 주었으면 좋겠다는 의사를 전달하게 되었다.

신용찬 선생의 제안을 받아들인 김홍식 선생이 창녕문화원 원보에 "신돈에 관한 재평가 제안"이란 제목으로 논문을 발표했다.

이 논문이 영산 신씨원보에 "꿈속에 잠긴 옥천사"의 단초가 되었다. 뿐만 아니라 사단법인 신돈시상연구회가 발족되는 일이 생겼다.

영산신씨의 후손들이 맘을 모아 신돈사상연구회를 발족하고 매년 신돈왕사에 대한 연구발표회가 있게되고 많은 후손들이 참여하고 있는 상황이다. 때를 같이하여 신돈왕사의 성장지인 옥천사 인근에 자리하고 있는 바위의 눈매를 보고 필자가 고릴라 바위로 명명했는데 많은 등산객과 외국인들도 감탄하는 일이 있었다.

이 외에도 나의 은사인 전탁 호는 효정, 본명은 전치탁 선생은 해송 창작샘 개설에 대한 가르침을 주시고 격려해 주셨다.

목 차 Contents

발간사 | 신익교 / 07

1부 단 시조 / 11
- 인사 시
- 물수제비
- 해일의 숨결
- 카누
- 고부
- 무지게 언덕
- 갈매기
- 어머니 바다
- 뇌룡정(雷龍亭)
- 계룡천
- 입출항
- 무지개
- 어머니
- 시골의 밤
- 뱃사람
- 여객선 1
- 항구
- 배산
- 꿈동산
- 날치야
- 고깃배
- 태풍
- 오막살이
- 해와 달
- 갯벌
- 낙산사
- 모르코 등산길

2부 연 시조 / 39
- 황파(荒波)
- 피 바다
- 바다가 육지로
- 카리브 해
- 스승의 회초리
- 항로
- 야망의 거울
- 캄차카 항로
- 영일만의 불꽃
- 닻을 올려라

Contents

- 부산해전
- 꿈 바다
- 황천 항해
- 뱃길(船路)
- 섬마을
- 북극성
- 원형(冤刑)의 벌판에서
- 남명학술대회 단상
- 사랑노래
- 갯마을
- 대권 항해
- 북극해의 봄
- 무심한 세월
- 냉동운반선
- 숨쉴 곳은
- 가슴품은 토우
- 인생사 일장춘몽

3부 사설 시조 / 69

- 북양길
- 불귀의 객된 동족애
- 벽시계
- 펄럭펄럭
- 내 땅
- 유조선
- 내 영토
- 땅끝 마을
- 한 되박
- 석양에 거울본다
- 송출선(送出船員)
- 새로운 세상 길
- 마우리 1
- 동료애
- 끼륵끼륵
- 무궁화
- 해양개척
- 숨 쉴 곳
- 해적 떼
- 흘러가는 세월아
- 마우리 2
- 송출선 1
- 상어꼬리

시평 / 93

1부

단 시조

인사 시

새로운 꿈을 향해
배 한 척 띄울거야
고래랑 물새들과
바다에 벗이 되어
항해에
거친 황파에도
배 한 척 띄울거야

뱃사람

먹구름 밀려온다
파도가
허공을 친다

물기둥
우뚝 솟는다
수정궁
짓는 거다

서로들
하나가 되어
어둠 동굴
밝힌다

물수제비

파아란 물결 펼쳐

돌팔매질 해 봅니다

아빠 돌 누나돌이

누가 누가 멀리가나

수제비

공 굴러 가듯

물을 말아 갑니다

여객선 1

물길로 오고가는
뱃고동 뚜우뚜우

때때옷 입은 아이
엄마 품에 잠이 들 때

엄마도 지쳤는가봐
꾸벅꾸벅 좁니다

해일의 숨결

물결이 밀려온다
창문 모두 닫아라

저 어둠 코브라가
내리치는 한 순간에

우르릉
덮친 바닷물
온 세상을 삼킨다

원자로 세찬 불길
천지를 뒤흔들고

캄캄한 앞길에다
젊음을 받쳐와도

멈춰선
초점 사이로
새로워진 세상 길

항구

하얀
탱자꽃이
과수원 울타리에
눈이 부시다

사랑이
가시 면류관 사이로
선홍빛 보혈되어 흐르고
님의 깊은 절규가 하늘에 닿는다

아, 아,
죽음보다 더 강한 사랑이여
주홍보다
더 붉은 나의 죄악이여

사망 권세 이기신
부활의 님이시여
믿는 자의 소망 되신
님의 승리여

카누 [1)]

허리띠 풀어 놓고
조류에 바람타고

하와이
뉴질랜드
별 태양 예측 향해 [2)]

먼 길에
유령선을 보듯
역사 쓰는 마우리 [3)]

---

1) 카누 : 뉴질랜드 다후랑카항 박물관에 있는 통나무 배
2) 예측항해 : 날짜를 확실히 결정할 수 없는 것 대략
3) 마우리 : 뉴질랜드 원주민

배산

항구 밖 고기등불
일렬로 졸고 있다

상선은
앞을 서고
뒤따른 고기 배들

저 만선
오색 깃발에
출렁출렁 파도여

고부

가난을 지아비로
고부가 심은 묘목

거름놓고
북 돋구어

튼실한
열매 맺어

수 세기
넘나던 세월

알찬 살구
대롱 대롱

꿈 동산

바다는 나를 보고
마음을 비우라고

하늘은 나를 향해
티없이 살라하네

마음도
반가움들도

후울 후울
털라하네

무지개 언덕

계약이
끝나는 날
아쉬움
따라오고
왔던 길
도로가네
수첩하나
달랑달랑
머나 먼
넓은 바다에
무지개 빛
곱구나

날치야

날치야 날치야
머얼리 멀리 날아라
물이랑 건너 뛰어
무지개 꽃을 그려라
갈매기
빛난 눈빛이
너를 찾아 헤맨다

갈매기

백조야 설산가자
흑조야 너도 가자
날다가 치질 때에
파도 밭에 쉬어가자
파도가
푸대접 하거든
자갈밭에 자고 가자

고깃배

바다 밑 탐지기로
바다 잠 깨워놓고
고랜가
정어린가
한 줄 한 줄 다른 음계
어영차
큰 놈이로구나
어획고 문 열어라

어머니 바다

배운 것 뱃일이라
바다로 달려간다

호미 쥐고 괭이 들어
농사짓는 농부처럼

꿈 하나
가슴에 품고
물질하러 간다네

태풍

바다는 들썩이고
시야가 좁아진다

물기둥 우뚝서서
바다 밑 짓누르면

여보게

뱃머리 보게나
성깔 돋는 저 파도

뇌룡정(雷龍亭)[4][5]

가슴에 품은 뜻을
오롯이 펼치고자
두류산[6] 바위 아래
학문 길 갈고 닦고

경(敬)과 의(義)
양손에 쥐고
닫친 문을 열었다

---

4) 뇌룡정 : 합천군 삼가면 외톨이
5) 뇌룡 : 깊은 연목처럼 고요하다. 우레처럼 소리친다.
6) 두류산 : 지금의 지리산

오막살이

정겨운 고향 길에
닭들은 홰를 치고

멍멍이 반겨주는
산비탈 오두막집

정다운 사람 왔다야
꼬리 살살 칩니다

계성천

계성천 징검다리
마을 앞 버드나무

모래 밭 수박넝쿨
시냇가 피라미들

조상님
물려주신 것들
바람 앞에 등불이다

해와 달

해야 해야 붉은 해야
솔가지 앉은 해야

갈매기 날다 날다
날개 쭉지 꺾어지면

물고기 헤작 헤작에
해지는 줄 모른다

달아 달아 하얀 달아
달집에 숨은 달아

날치가 날다 날다
갑판위에 떨어지면

저 잽싼 물총새들이
제 배 채워 떠난다

입출항

넓은 세상 보고싶다
바다로 떠날거야
밝은 눈 고운 바다

고래랑 벗을 삼고
고향에 비바람쳐도
배 한 척 띄울거야

갯벌

질끈 수건 동여매고
물 때 잡는 우리엄마

널따란 갯벌 위로
손놀림 바쁜 엄마

내 새끼
잘 키워보자고
땀에 젖는 울 엄마

무지개

아빠의
머리 위로
천둥이
번쩍번쩍

엄마의
앞 가슴에
희망 꿈
방울 방울

저 봐요
먼 수평선에
무지개 꽃 핍니다

낙산사
− 절벽 바라보며 −

돌계단 다름 질한
물안개 속 벼랑 끝

갓 피어난 우담바라[7]
천년 혼을 깨우네

영롱한
무지개 꽃이
바라밀[8]을 여는가

---

7) 우담바라 : 3천년마다 꽃이 핀다는 상서로운 꽃
8) 바라밀 : 불교에서 지혜로 상징하는 말

어머니

보글보글 끓는 소리
된장국 끓는 소리

배 안에도 고향 내음
가족들 손맛인데

요리사 가득한 정성
이 바다에 퍼지네요

모르코 등산길

옷 벗은 가시나무

백년초 장승같다

숲없는 벌거숭이

소라 고동 나팔분다

퉁기는

기타소리에

따라우는 낙타야

시골의 밤

시골 밤 도회지의 밤보다 정들이 두터워라
밤은 깊고 더 아늑한 따스함이 있는 듯
창호문 사이사이로 불빛 또한 정겹다

이웃집 건너마을 다정한 이웃사촌
한핏줄 형제보다 가까우면 콩 한 쪼가리
웃음꽃 담장 너머로 넘어온다 석양에

2부

연 시조

황파(荒波)

– 토우 극락왕생 –

남 북극 음 양극점 산해장려 깨우침을
빙산의 과학기지 탐구심 젊은 학도
고난의 탐구 열정에 한 계단씩 밟는다

깡통 통조림이 수경재배 농산물 대체로
남극은 클릴새우 기상의 연구개발
북극은 다산기지로 생존 탐구 종자 씨앗

빙산 꽃 하얀 가시가 심장을 겨누고
토우 전재규 화신 조국애 애틋 사랑
밝아온 미래의 길목에서 길 안내를 합니다

항로

앞으로 우리가 살길은 이정표 산해장려
닫친 문 활짝 열려 새로운 세상길로
해양의 꿈의 동산에 무궁화 꽃 피었다

온갖 애정 눈빛어린 설레는 마음으로
해양사설, 해양 시조 민족의 혼불이라
공모전 습작에 응모 도전의 불꽃인다

70년대 생존의 바다 로프에 묶인 계약
밧줄은 곰삭아져 풀어진 고향산하
뒤바뀐 산하들판은 푸르름의 황금바다

해양 시조문화 씨앗뿌린 농촌들녘
먼길서 가까워진 훈민정음 구운몽에
풀벌레 새들 소리에 긴긴밤을 지세운다

어버이 계신산소 망두가 반겨준다
해상의 발자취를 뿌려놓은 고향산하
해송의 문화 창작샘 역사 혼불 깨운다

피 바다

포화가 지난 자리
지역은 황폐화로
옥수수 구호양곡
모진 목숨 이었으랴
어머니
떨븐 감 삭혀
시장바닥 펼친다

두메의 가시덤불
호미에 곡괭이로
아이 노인 따로 있나
지게 한 짐에 양곡 한 되박
이장은 시체도 깨워
재방사업 동참 권유

집들은 불타고 황폐화된 토굴집에
메밀 죽 바라보니 내 얼굴 둘이로세
아이야 뛰지를 마라 물배가 꺼질라

야망의 거울

무지는 절망이요
깨달음은 스승이다
공항에
길을 묻지 말라
마스크로 입을 가린다
옆길로
지나가도록
자리를 양보해 줄뿐

승선의 바램 꿈은 해무(海霧)에 갇혀있어
목적지 향한 길은 처음부터 없었지만
첫걸음
잘못 내디뎌도
나침판에 묻지 말라

방황도 아닌 벌판
야망 빛을 움켜잡아
황량한 고통의 들녘
용광로 끓는 아침바다
가슴에
화살을 감추어
앞 과녁을 조준한다

바다가 육지로

고향은 영원 고향 마음 속 안식처라
세월의 덫에 걸려 들어선 두메산골
부처님 정성 기도로 애밀레종 길을 묻다

맑고 상쾌한 아침 울리는 전화벨
가덕도 대형선박 대근 임무 서명 받아
승선 길 해상 이력에 대리점과 엇박자

계단을 오르는 순간 천당지옥 양 갈래길
새로운 해상직장 해양인 꿈의 동산
트랩을 밟는 이 순간 지켜보는 운명여신

갑판에 올라서니 고용안전 서명이라
따끈한 선원본직 꿈동산 불길인데
한밤 중 통행 막장에 청룡궁의 지정석

캄차카 항로

독도의 등대불은 내일의 서광이다
북해도 협수로에 해무가 가로막아
꾀꼬리 항적 소리가 어둠길을 밝혔다

쿠릴열도 산마루에 구름이 자리 펴고
해변의 자락에는 신록이 푸르고나
엄동의 항해 길에는 거센 파도 토닥토닥

어선은 북양에서 하얀 이불 덮어 쓰고
바다 낚시질로 생존 꿈 낚을 때
러시아 감시원들 금지한다 어로행위

카리브해

– 하르케인 –

출항의 험한 뱃길 팔랑이는 카리브 해
새해의 명절 기분 와르르 무너지네
스치는 휘파람 소리 창문틀에 앉았네

먹구름은 팔을 뻗혀
동료들 불러 모아
태양을 밀어내고
해상반란 일으킨다
기관실 엔진소리는 해상 공간을 채우네

돌풍이 다가 온다 차려라 정신들을
편주된 냉동선은
복원력 잃은 선박이다
제 위치 상실한 듯이 숨 쉴 줄을 모르네

냉동선 과일상자 어수선한 통제선에
선수는 무릎 꿇어 파도에 조아리고
파랑은 숨골 고르며 기지개를 편다

삼일의 황천항해
지세운 미로선실

졸린 눈 치켜뜨고
조타실 모인 동료
갈매기 날개짓 따라
살갗 마주 꼬집다

영일만 불꽃

새천년 영일만은 새로운 도전 열망 이끈 세상
동서양 넘나든 빛이 생존의 혁명 길로
문명의 미래의 빛이 어두움을 밝힌다

해양의 박물관은 밤길을 닦아내고
호랑이 등 앉은 틀 깃 독도를 품었을 때
대왕암 깊은 애정은 백팔염주 굴리네

등대 아래 파도들은 청어 떼 불러 모아
우유빛 백사장에 겨울바람 넘나들 때
화가의 산수비경이 자수틀에 내쉰 숨결

미래 역사의 숨결 현실화 학술 연구
빈 바다 물결소리 연인의 말 엿 들었나
인류의 동서 화합에 대한 사람 대한으로

연오랑 세오녀 설화 향수 젖은 실핏줄
선인의 발자취는 민속관 빛이되어
호미곶 내 뻗친 손길 기도한다 번영을

스승의 회초리

두류산 양단수에
이제사 다시 보니
어둠을 밀려나고
밝아오는 새 아침
학동들 학구의 열정
잎이 피고 꽃 핀다

천왕봉 서해바다
두둥실 푸른 초원
인생의 희노애락
체력의 땀방울로
쉬었다
재충전의 열망
펄럭인 만선 깃발

세상은 요지경에
경험에 깨달음을
집중은 성공 지름길
땀방울이 스승이다
산마루
석양(夕陽)의 노을이
인생길을 비춘다

닻을 올려라

때 이른 아침들녘 요로콤 좋은 세상
시배지 양파 마늘 꿈을 심은 두메산골
담수호 꿈을 펼치니 온 들녘은 황금 빛

지난 날 배고픔을 하늘이 어찌 아셨어요
전화로 주신 통화 음덕에 보답 길을
하던 일 보살펴 주십사 호랑이 등에 오른다

맹호의 울부짖음 세상사 들썩들썩
신기류 순찰하는 갯벌의 형제 섬이
십만 톤 닻 내린 곳이 용왕궁의 텃밭 되다

전사들 누빈 바다 호랑이 포효소리
주름진 농사일은 미련을 남기라네
농자는 천하지대본(天下之大本) 감사하는 봉사로

부산 해전

앞바다 까마귀 떼 야욕에 지핀 불길
새총 닮은 조총 신무기로 사냥 길 열어 달라
끝까지 항전하리라 문 열기는 어렵다

바다는 울어되도 울지 않은 천성산성
해상에 해상작전 육지에 게릴라전
내 고장 우리가 지킨다 일어선 민초들

사방에 붉은 투구 혼돈의 육전대결
부산포 거북선 활약 사기는 충전이라
한양은 왜구무리에 임금님은 몽진이다

육전에 정암 전투 해전에 울돌목에
낙동강 방어진지 내 고장 지키리라
영호남 안전지역에 의병들의 맹활약

조(朝)명(明) 연합작전 적 알고 나를 알아
싸우면 백전백승 승전고를 울렸다
중국의 명제독 진린(陣璘)도 이(李) 제독에 숙인 고개

갯 마을

청정해 쪽빛 바다 질러가는 대교 난간
어마씨 일손 바빠 펼쳐놓은 저 바다에
수평선 저녁노을에 갯마을도 잠든다

남해 고깃배들은 어리진 펼쳐놓고
온 바다 푸른 들녘 해양수도 한 꿈 꾼다
소나기 내린 바다에 무지개꽃 피었네

꿈 바다

오륙도 등대관문에 내 심장 맡겨놓고
폭풍이 몰아친다 정신들을 차려야지
톡톡톡 출동명령에 어두움 속 해 뜬다

저 거친 넓은 바다 헤쳐 가는 젊은 전사
가족과 아쉬움이 나 혼자뿐이겠나
꼬깔봉 펼친 그물에 만선 깃발 숨쉰다

대권 항해

북위 오십도선
동 서경 사잇 길목

등굽은 꼬부랑 바다
짝지 잡는 운반선

동족 간 서로 협력에
희망 물고 옵니다

설산이 어디인가
빙산이 어디메뇨

순탄의 항해 길에
어름 밭 헤쳐 갈 때

별빛을 항아리에 담아
차곡차곡 채웁니다

황천 항해

돌풍의 카리브 해
파도소리 들리고
변덕스런 물결이
높이치며 달려든다
태양이
떠나간 자리
가족 얼굴 아른아른

갑판에 넘친 물결
밀려갔다 밀려오고
해안가 부두들도
의지없이 무너졌네
새천년
맞이하는 자리
갑작스런 높은 파도

북극해의 봄

지구의 끝머리 가리마 탄 외진 계곡
꿈처럼 떠내려 온 전설의 바이킹들
작위(爵位)에 명예를 걸어 바다 길을 누볐네

한 겨울 세찬 바람 매몰차게 불어와
혹한이 매섭다 한들 이내 몸 어찌련가
움츠린 몸과 마음에 봄 기운이 스미네

겨우내 얼어붙어 말문 막힌 북극해
무쇠 같은 빙산들은 소록소록 녹아내려
땅에서 돋는 새싹들 귀 열고 눈을 뜬다

한걸음 내려서면 먼지로 휩싸이고
살랑한 바람결에 장미 향기 실어내며
화강암 지축 위에서 푸른 땅을 일구네

뱃길(船路)

꿈 향해 떠난 바다 만선의 꿈을 선적
입출항 뱃고동이 항구를 들썩들썩 일 때
선창가 아이들 모습 웃음꽃을 띄웁니다.

하늘을 허리띠로 감아 펼쳐놓은 세계지도
밝음은 어두움을 빗질로 끌어내고
밤하늘 무수한 별들 넓은 바다 길 연다

비좁은 선실침대 죽부인 가슴품고
얼음 배 빙산 위에 설경설경 톱질할 때
세상을 밝게 한 빛이 온 누리로 비춘다

무심한 세월

한 시대 50대 상노인이 100세 고무줄로
수천 년 흐르는 세월 무궁한 인생여정
시간의 밧줄에 묶여 있어 생존의 운명이라

한 시대 산천호령 호랑이 외침이라
한많은 인생고개 넘고 넘는 태산이라
민생고 우선 생존에 공덕쌓은 인생사

빈손에 왔다가는 맨몸으로 돌아가는 길
운곡의 유추 필력 오늘날의 역사증서
어두운 동굴을 밝혀 햇빛 본다 오늘 날

섬마을

섬마을 사람들은 물침대로 베고 누워
햇살이 눈을 뜨자 바다는 용광로라
아궁이 지핀 불꽃에 갯바람이 눈뜨다

물옷을 옆에 끼고 심해도 유영할 때
물결의 발길질에 수포가 튀어 올라
돌미역 해삼 성게가 선창가를 폼잡다

서낭당 무당 굿에 어촌마을 꿈을 꾼다
고깃배 실그물에 어부는 끈을 달아
만선의 푸른 깃발에 갈바람이 일어선다

냉동 운반선

어선의 고물잡고 베링해 들어서면
칠월칠석 난간 아래 물새 떼 날아들고
짙어진 신록 속으로 아련한 꿈 젖어든다

갑판의 앞자락에 물안개 출렁대고
눈꽃이 활짝피어 시린 눈을 비집으면
꿈 서린 붉은 노을은 눈썹자락 걸린다

울리는 망치소리 시공을 낚아채고
해수의 몸부림을 인간사로 비겨보면
사나이 손마디에는 굳은 신념 다져진다

북극성

세상이 뒤집혀야 정도를 걷게 하고
위에서 내리는 맑은 물은 바다로 향해
모래밭 가시덤불은 사랑화석 발굴이다

영산은 옥답인데 등 넘어 척박한 땅
깨어라 일어서라 새로운 세상 향해
신농법 개발 열정에 옷깃 스쳐도 인연이라

뒷동산 푸른 숲도 메말라 우거진 숲
팔전 구기로 성취 꿈이 이루어지다
한시대 어둠의 기록 청소한다 북극성

숨쉴 곳은

지구가 탄생되어 인류의 발길 따라
세상이 뒤바뀌어 바다는 육지가 되나
계룡천 사랑화석이 전해주는 풍요로움

두메의 푸른 숲속 천년 혼 깃든 불심
신돈 탄생선방 전설로 남겼으랴
황폐된 대웅전 불당 들려오는 풍경소리

산하는 메마르고 청룡이 숨쉴곳은
이무기 설치되어 척박한 지역이라
일주문 새벽종소리 천년 혼을 깨운다

원형(冤刑)의 벌판에서

옥천계곡 푸른 물에 구름도 쉬어간다
연화좌불 하늘 불러 인간도리 깨우고
일미암(一味庵)계율 설법에 불법도량 일으켰다

세워진 무영탑은 그 흔적 어디가고
스님이 계시던 곳 찬바람만 스치네
어느 때 봄빛을 빌어 꽃망울 대롱대롱

대 숲속 백일홍은 편조(遍照)의 단심(丹心)일까
땀 젖은 황삼가사 서린 윤기 잠 들어
구룡산 가슴 자락에 두견화로 피었다

* 옥천사(玉泉寺) : 신돈(辛旽)이 고려 말 태어나 수도한 곳. 경남 창녕군 창녕읍 옥천리에 있는 절터에는 석재를 비롯하여 연화대석, 석탑재와 같은 석물들이 지금까지 전해진다.
* 일미암(一味庵) : 신돈(辛旽)이 수도한 암자.
* 편조(遍照) : 신돈(辛旽)의 법명
* 사단법인 설립의 단초가 됨.

가슴품은 토우

극한의 빙산 바다 독백의 꿈은 높아
튼실한 탐구씨안 빙토에 뿌리리라
눅눅함 부추기면서 철심을 박는다

온유가 되지 못한 겹겹 쌓인 속바지로
아래서 치켜 올려 편편한 심장까지
경(敬)과 의(義) 가슴속 갈무리 승전하는 청룡

황량한 얼음벌판 아래는 엄궁교차
빙토를 사주하는 그대는 누구인가
또아리 둥근달무리 불별되어 덩그렇다

남명학술대회 단상

세상에 민족문화가 범람한 오늘날에
한문권 영문권을 수입한 한글문화
뜻글에 소리 융합된 한글 학문등재

주역(周易)은 행간 보여준 삶의 지혜 깨우쳐
맑은 물은 위에서 아래로 유유히 흐르는데
남명은 신명사도(神明舍圖)를 새로운 집 지어놓고

경(敬)과 의(義)로 깨우쳐 선도에 실천이다
한자와 영어문화 비판적 수용하고
한글의 문화차원은 K철학 뿌리토대

실천의 학문통해 대도무문 활짝열어
밝은빛 산해장려 깨우친 바른개념
새로운 패러다임에 정의개념 소명의식

인생사 일장춘몽

지난날 조상님은 철저한 분업가정
남자는 사랑방에 여인은 안방 길삼
한문은 뜻글이로다 언문은 소리글

생업은 농경사회 죽은 혼도 일으키고
내륙은 예절중심 조상님 숭앙이라
바닷가 종사자들은 어업만선 현실주의

눈 깜빡하는 순간 인생사 일장춘몽
농번기 농촌들녘 죽은 혼도 일깨우고
가묘(家廟)에 고유제로서 뭉쳐진 영혼 깨운다

각층 간 계급사회 열린 문 닫쳐놓고
잘난 사람 못난 사람 자기가문 제일주의
뱃길도 꼭꼭 닫은 대문 우물 안의 개구리

외래어 핏박 받아 민족혼 빼앗기고
유아의 울음소리 이 강산 피바다로
역사를 돌이켜들 본다 경제부흥 망치소리

암둔(闇鈍)한 운명사회 하늘의 뜻이련가
죽자면 살 것이요, 살자면 죽음이다
투쟁력 흘린 땀방울은 맑은하늘 청룡

사랑노래

황금 빛 서린 물결 화폭에 감지 해변
미모의 사랑유혹 천상의 내 어머니
짜그락 몽돌의 합창 연인들의 사랑노래

태종대 풍경화로 설레는 이 가슴에
오늘도 그대 손잡고 해변을 걸어본다
여인의 숨비소리에 석양 빛 불탄 바다

사그락 발자국에 환상 속 깨어나니
항구의 끝 마을에 천상의 천궁일세
개나리 화사한 꽃길 아련한 사랑노래

자글자글 몽돌해변 명상의 동백 꽃길
헤일 수 없는 파도 합창하는 풍경소리
추억에 낭만이 있는 내 사랑아 태종대

3부

사설 시조

북양길

'장보고' 탄생일로 이(李) 라인 영토회복

또닥또닥 망치소리 용왕궁 깃발 세워
튼실한 열매 맺기 기원하는 뱃사람들

목련화 하얀 꽃길 덫 걸려 떨어지고
무궁화 활짝 피니 이런 날 있었더냐

꿈 품고 떠나련다 배운 것이 뱃일이라
목표점을 찍어야지 단추하나 끼어야지

한 달분 먹거리로 생사의 기로선상
시기는 금어기라 달반 더 견뎌낼까

저 늙은 장독대는 가쁜 숨 몰아치고
이 바다 운명 걸어 이내 마음 다 잡는다

냉동선 방문 독항선 손을 내민 동료애

마우리 1 *

입항의 뱃사람에 꽃 한송이 띄운 항구

해안선 유황내음 돗자리 펼쳐놓고
목장의 목동피리 가는 세월 당기는가

타향도 정이들면 본토인 마우리족
이 텅빈 묘박지에 닻 내린 고깃배들

저 하늘 잔별들이 뛰어노는 이 초원에
시대에 순응하며 풍요로움 꿈을 꾸네

풀잎에 앉은 이슬 키위새 닮았느냐
실타래 풀어 놓듯 야외에 바베큐로

기타의 멜로디에 낭만을 방휴하고
하와이 먼 바다 해와 별 벗을 삼아

카누로 건너온 항해 꽃 피운다 마우리

---

* 마우리 : 뉴질랜드 원주민을 일컫는 말

불귀의 객된 동족애

움막집 망치소리 판자집 개발열정
해운의 날 밀어내고 바다의 날 빌딩숲길

자원이 빈약하나 살길은 해양개척
독도야 잘있거라 북양을 다녀오마

한 난류 만남 장소 강치는 어디갔나
안개비 소록소록 내리는 협수로다

이슬비비 내린 해안 바람이 앗아가고
애통에 우는 소리 무슨 한(恨) 이리 깊나

사할린 징용 가신 삼촌의 원혼인가
선상의 징, 꽹과리는 경문 한줄 읊으리니

물새들 나래 짓에 새아침 밝아온다
이 오월 북태평양에 춤을 추는 백조들

동료애

한 겨울 북양 길은 황금의 생존바다

이(李) 라인 밀어내고 북양의 개척항해
북위 오십도선 껄끄러운 항해이다

아시아 아메리카 잡화선 항로인데
채낚이선 활동무대 황금의 바다된다

감차카 쿠릴열도 옆두리 꿰어차고
오고가는 항로길에 기상은 양면상태

칠팔월 늦 봄날에 낮에는 초여름이라
밤이면 폭풍한설 갑판에 눈비되다

트롤선 생존바다 꿈 낚아 거둬질 때
러시아 감시원은 어루감시 횃불켜고

냉동고 길을 잃어 깔딱깔닥 목숨인데
동료에 내민 양곡 다정한 민족애다

사람이 모여드는 곳 무궁화 꽃피운다

벽시계

재고량 없는 선체 소금에 밥을 먹나

무 토막 동강내듯 연장이 있어야지
맨손에 밤을 까듯 돌멩이도 있어야지

캄차카 외항바다 정적만이 깃들고
밤, 낮 온도차이 치떨다 녹여지네

드르륵 또닥또닥 한(恨)서린 소리더냐
거치른 손마디가 선인들 생활인가

무심한 이 세월은 꽃이 피는 이 봄날에
짝지은 물새들은 퍼드득 나래 접다

황량한 이 벌판에 저 달빛 처량한데
떨어진 저 깃털아 이곳 소식 전해주렴

고장난 벽시계더라 용왕님께 빌리라

끼룩 끼룩

바다는 메마르고 어부들 한숨 짖네

갈등이 깊어지면 한숨도 절로 절로
한낮의 땡볕 묶여 흑인이 따로 있나

애닲은 삶이 깊어가니 목 축일 곳 어디인고
불황에 통제통제 배 타기는 어려운데

풍어에 웃음 짓고 빈털이 짓는 한숨
연안선 원양 향해 일확천금 옛 말일세

현상을 유지하기 어렵고 어려워라
사모아 외국어항 꿈 심기도 두렵구나

황금의 저 바다에 풍요로움 떠나가고
발없는 속사정에 저 달만 바라본다

수평선 떠오른 달빛 아래 갈매기 떼 끼룩끼룩

펄럭펄럭

기름배 탱크선이 수부의 생명이라

독항선 꽁지 따라 길나선 항해 길로
남 북위 넘나들며 동냥질 하는 걸까

쥬도돈 무선전화 오늘 날 팩스인데
이 영상 녹음테이프 화면 속에 띄워 논다

상어의 굳센 이빨 마구로 통제 삼켜
수부는 꿈을 잃어 상어꼬리 대체로다

먹구름 데굴데굴 동반한 열대야라
구명정 전사들은 보기도 안타갑네

팔라우 추모탑에 기도하는 해양 전사
이 바다 토우되어 편의를 제공하네

시름이 떠나간 자리 만선기만 펄럭펄럭

무궁화

우리네 가꾼 꽃잎 피고지며 풍긴 향기

자원이 빈약해도 근면정신 자원인데
뭉치면 살 것이요 등 돌리면 도로아미

쿵덕쿵 쿵 더덕쿵 해상에 만난 동료
외국서 진한 우정 고유한 민족혈맹

남 북극 운항 기록 코리아 위상이라
한바다 쇄빙선에 기름배 동참한다

얼음판 여우들은 자기텃밭 전세 놓고
어슬렁 백곰들은 순찰병이 되는구나
저 빙판 펭귄들이 손뼉치는 남극점에

북극의 디엔아이 우리 것이 제일이다

도전의 굳건한 기상 꽃피우는 무궁화

내 땅

용궁사 수상법당 온 바다 통제한다

이 대륙 군화 발길로 던져놓은 섬 섬 섬 섬
그 누가 무어라도 삼봉도는 우리네 땅

청해대사 응원한다 범접 못할 우리 지역
뚜레로 퍼 올린 물 가뭄에 꽃이 피니

양극점 대륙봉에 내 꿈 심은 땀방울로
쇄빙선 앞장 선다 막힌 길 뚫어놓고

북극해 디엔아이 가슴 품은 지하 동굴
기나긴 수면 속에 알찬열매 토실토실

저 삼면(三面) 우리의 영토 범접 못할 내 영도

해양개척

세상엔 공짜없다 불한당 당한 보복

이집트서 로마 향해 떠난 순간 공물(公物)이라
도적떼 탈취 행동 심장은 배 밖으로

지중해 모래벌판 설산이 있노라고
저 유럽 빙글빙글 팽이처럼 빙빙돌고

뭉칫돈 가져온 자 국가에서 귀족예우
유행성 독감 되어 휘젓는 폭풍되다

중국 아시아로 활동반경 넓혀가고
남녀를 꽁꽁 묶어 노예로 삼았구나

저 궁복 젊은 혈기 창 칼날 번쩍번쩍
민족혼 깨워다 퇴치한 해적 떼들

남북극 기후변화 양극에 디엔아이
땀방울 차곡차곡 꿈 향한 미래 길을

자원이 빈약한 우리 살아날 길 해양개척

───────────────────────────────
※ 궁복 : 신라시대 해상왕 장보고 어릴 때 이름

유조선(기름배)

깊은 밤 별을 따다 정화수 받쳐놓고

우리땅 어디더냐 저 동북 만주 삼성
충무공 백두산 돌 칼 갈아 다 없에고

북쪽의 여섯 개 섬 나무 끝 부는 삭풍
명월은 눈 속에서 매우들 차겁고나

붓대를 높이 들어 한 획을 긋고 보니
눈보라 찬바람도 거칠 것이 없더라

동트는 새 아침에 작업장 아침체조
바지선 고래되어 오대양 육대주를

거북선 우수성에 만방에 횃불 밝혀
남북의 빙산 뜰을 개척한 얼음 빙산

유조선 쇄빙선들은 꿈망울이 대롱대롱

숨 쉴 곳

이 선체 곳곳마다 정비로 부활한다

저 파도 잠이 들면 작업복 갈아입고
어둠을 밀쳐내고 새벽 창 활짝 연다

토닥토닥 헤머소리 온 바다 깨워놓고
찌지직 파란 불꽃 독감되 번져 난다

삭은 녹 완강 저항 내 팔 힘이 명약이라
은밀한 구석구석 여기저기 잠식한다

에어컨 없는 선실 어느 지역 쉬어볼까
손마디 생긴 물집 시린 상처 움켜잡다

새로운 신조고래 이상형 갈 곳인데
시간은 말이 없네 찰칵찰칵 가슴치고

소모품 단절된 선창 내 숨 쉴 곳 어딘고

내 영토

물새는 초병되어 밤낮없이 순찰한다.

이어도 파랑도에 신선이 살았는가
그 누가 뭐라 해도 삼봉도 우리네 땅

성인봉 지켜보는 독도는 코앞이라
굳건한 젊은 전사 몸바쳐 지킨 바다

우리가 살아날 길 저 푸른 들판일세
양극점 대륙붕에 꿈을 심을 땀방울로

쇄빙선 앞장 선다 막힌 길 뚫어놓고
북극해 디엔아이 가슴품은 백년대계

한반도 우리네 영토 범접 못할 내 조국

해적 떼

문 열린 세상관문 아침 해 더 붉어라

유조선 트레파스호 자카르타 앞바다
오만 톤 낡은 배는 해상의 유류창고

동그라미 내 보인다 이국의 통행료로
따루주 담배연기 순찰로 지킨 바다

전 선미 불개미 떼 히빙라인 하늘 날고
한 손에 낫 들고 한 손에 줄을 잡다

오른다 선장 갑판 창 칼날 번쩍번쩍
침실에 당직사관 청바지 어얼씨구

챙기고 돌아갈 때 안녕 안녕 수중곡예
벙어리 냉가슴에 경각심을 울켜 낸다

밤바다 수중 신도시로 활개치는 해적 떼

주) 따루즈 : 야자열매로 만든 술

땅 끝 마을

온 배들은 성곽처럼 병풍을 친 앞 바다

한여름 무더위에 정신차려 가려는가
햇님은 수평선에 대롱대롱 메달린다

산비탈 고층빌딩 햇살 이불 펼쳐놓아
북녘의 철새들은 왔던 길 물어물어

길 잃은 왜가리는 쉬었다 가자하고
팔색조 둥지 찾아 허위허위 날아간다

옷 벗은 매화나무 속적삼 꺼내 입고
밧줄로 꽁꽁 묶여 눈썹자락 달아놓다

늘 푸른 남쪽 바다에 맞잡은 땅 끝 마을

흘러가는 세월아

수세기 세상바깥 위에서 아래로 흘러
사랑방 남자차지, 안방은 부녀자들
한문은 참된 글인데 한글은 언문천시

서포(西浦) 한글소설 어버이 그리움을
진서(眞書)는 뜻글이라, 학자들 전용 글로
평민은 문맹(文盲)자로세 아는 것이 힘이다

잘난 사람 못난 사람 자기가문 제일주의
농사는 천하지대본(農事天下之大本) 협동심 튀긴 불꽃
바닷길 종사자들은 생존의 현실주의

외래의 핏박 받아 민족혼 빼앗기고
형제간 의견대립 이 강산 피바다로
역사를 돌이켜들 본다 암둔(闇鈍)한 운명사회

긴 세월 마른들판 이슬은 바람이 아사가고
절망의 메마른 땅 나타난 북극성에
선두에 진두지휘로 무지개로 빛난다

---

*서포 : 김만중 선생 호

한 되박

한 겨울 북양길은 황금의 어장이다

북위 오십도선 넘나들기 어려워라
채낙이 제집인 듯 넘나드는 베링해

부식고 냉동고는 깔닥깔닥 저승길로
선상의 작업일지 멈춘지 몇해인가

먼산에 쌓인 눈은 양곡이면 좋으련만
서로들 협동심에 꿈들은 차곡차곡

가난이 죄인가요 불꽃같은 고국생각
창 밖에 6월바다 모세의 신통력이라

금어기 풀릴 그날을 하루가 수십일일세

마우리 2

온 배들은 성곽처럼
병풍을 친 앞 바다

한여름 무더위에 정신차려 가려는가
햇님은 수평선에 대롱대롱 메달린다

산비탈 고층빌딩 햇살 이불 펼쳐놓아
북녘의 물새들은 쉬었다 떠나가네

길 잃은 왜가리는 쉬었다 가자하고
팔색조 둥지 찾아 허위허위 날아간다

옷 벗은 매화나무 속적삼 꺼내 입고
밧줄로 꽁꽁 묶여 눈썹자락 달아놓다

늘 푸른 남쪽 바다에 빙산의 땅 끝 마을

석양에 거울본다

저 우주 떠난 길목 거울로 돌이킨다

세월을 짊어지고 아장아장 걷는 걸음
이 세상 험난 바다 수평선 있었던가

어디서 태어났나 어디로 떠나가나
한솥밥 이불 펴고 깡깡 망치 들었더라

꽃피고 꽃은 진다 색스폰 하모니로
맺은 끈 푸는 자리 인생길은 열리는가

한 시대 도포자락 나막신 걸음걸음
한산섬 합창시조 제독큰칼 시퍼렇다

거북선 조국열정 높아진 제독위상
양로원 위로잔치 들썩들썩 얼씨구나

내 젊음 불태운 자리 저녁노을 더 붉다

송출선 1

가난이 죄인가요 살기위해 떠나야지

등 굽은 아버님은 이제가면 언제 오나
눈가에 맺힌 이슬 심장을 찌른 가슴

남아로 태어나서 무엇이 두려우랴
농사짓는 농부처럼 꿈향한 저 바다로

새소리 바람소리 소곤소곤 풀잎소리
아지랑이 아롱아롱 새봄을 알려주네

풀피리 보릿고개 나무껍질 먹거리라
꿈 하나 가슴품고 원양의 저 바다로

빌려온 저 파도에 쿵덕쿵덕 엉덩방아
이 순탄 항해 길에 기울어진 삼십오도

양어깨 내 무거운 짐 풀어놓는 고향 땅

송출선(送出船員)

단절의 애환 여파
소명으로 마음을 비우고
내일의 꿈을 향해
풍랑 노도에 생의 보람을 캔다

이국의 상선대
오대양 육대주 꿈의 바다
이 항구 저 항구 닻을 내려
염천지옥은 생존의 길이련가

인고의 고뇌에 표현할 길 없고
삼백육십오일 황파 선상
미래의 보람과 긍지를 향해
위험한 고비 몇 번이나 넘겼는가

찬란한 황금시대는
주역의 막극으로
물결 따라 모두가 느는데
지나온 개척정신 어디갔느뇨

상어꼬리

기름배 오리온호 독항선원 부식봉사

고객들 뒤를 따라 적도선 황금어장
파도가 잠든 바다 동반한 열대야라

먹구름 데굴데굴 휘파람 알려주고
구명정 한숨 소리 끼치는 저 소름에

팔라우 추모탑에 기도하는 해양 전사
조상 유골 온 가슴을 가시 되어 찌르는데

빨주 노초 파남보 보남파 초노 주빨
내 한 쪽 움켜잡고 저 한쪽 고향 땅에

저승길 어떠하며 이승은 어떠던고
시름을 물리친 곳 만선기 펄럭펄럭

어부들 상어꼬리 모아 명품되어 더난다

새로운 세상 길

새아침 황금바다 부글부글 용광로라

저 닻 마디마디 내지른 비명소리
큰 별 작은 별들 우수수 떨어지고

함상자 상자상자 수만 개 잠수하면
바다는 뭍을 향해 채칙을 높이드냐

한 해가 지나가면 또 한 해가 도래하듯
거울을 돌이키니 봄날이 있었던가

뱃사람 따뜻한 손 얼음칼날 비수되고
땀 흘려 가꾼 바다 새로워진 신 세상

이목이 집중된 아시아 피어나는 부평초

시 평

신익교 시조집 "횃불밝힌 청룡"

"단, 연, 사설시조의 맥을 잇는 우직한 해양인 그 지성의 덕…"

김 홍 식

문학평론가, 시인
前.창신대학 문예창작과 외래교수

1. 신익교 시인과의 조우

이 땅에 존재하는 많은 시인들이 많은 것을 노래했다.

어떤 시인은 전능자를 노래했고, 또 어떤 시인은 자연을 노래했다.

독일의 괴테는 사랑을 노래했고 중국의 이백은 그의 삶에 기쁨과 낭만을 안겨준 술을 노래했다. 그런가 하면 기독교인 위대한 시인 단테는 천국과 연옥과 지옥을 노래했고, 인도의 타고르는 인생의 지혜를 노래했다.

그런데 특이한 시인이 있다. 그는 바다가 없는 경상남도 창녕군 계성면에서 태어났지만 해양인이 되었고 그의 삶은 온통 바다로 점철돼 있다. 그는 내륙에서 태어나고 성장하여 해양인이 되었다. 그는 80년의 역사와 전통을 가진 영산중학교 10회 졸업생이고, 선자는 영산중학교 27회 졸업생이다.

선자가 그를 만나게 된 것은 창녕군 유어면 가항리 출신인 황우 이준법 시인이 제정한 황우 문학상을 수상하는 자리에서였다. 아담한 키에 감청색 정장을 하고 나타난 신익교 시인은 영산중학교 10회 졸업생이라고 밝히면서 후배인 나에게 매우 살갑게 남다른 자세로 따뜻하게 축하해 주었다.

　이를 계기로 알게 된 신익교 시인은 먼길 마다잖고 선자가 근무하는 신문사를 찾아오기도 하고 함께 조촐한 식사를 하기도 하고 그의 해양문학에 대한 특별한 지론과 애착에 대해 의견을 나누기도 했다.

　신익교 시인과의 보다 돈독한 사이가 된것은 지금은 고인이 된 창녕문협의 신용찬 시인(창녕문화원 이사) 때문이기도 하다.

　신용찬 시인은 " 고향의 후배로서 고려말 급진개혁주의자인 신돈 왕사가 영산신씨의 후손이며 나아가 영산출신인데 그의 뛰어난 지식과 그의 개혁주의가 심하게 훼손되어 있는데 아직도 이를 바르게 고쳐야 한다는 얘기는 하지만 누구하나 나서지 않고 있어서 맘이 몹시 아픈데 자신의 생각으로는 김홍식 목사께서 이를 바로 잡는 일에 주춧돌 하나를 놓는다는 심정으로 고려실록과 이조실록을 참고하여 신돈 왕사에 대한 재조명의 기초를 놓아주었으면 한다"는 전화였다.

　참으로 아이러니한 일이었다. 기독교의 목사가 승려인 신돈에 관한 글을 쓴다는 것은 잘 이해할 수 없는 일이었기 때문이다. 하지만 신용찬 시인의 간곡한 부탁을 뿌리칠 수 없어 수락하고 그 작업에 뛰어 들었다.

　고려사 그 중에서도 고려 31대 왕으로 원나라를 배척하고 빼앗긴 북방의 영토를 되찾고 국위를 떨친 공민왕 부분과 신돈에 관한 부분을 찾아 정리하기 시작했다.

　신돈은 공민왕의 왕사가 되어 급진개혁정책을 펼쳤다. 전민변정도감을 설치하여 노비를 풀어주고 농민의 노비화를 막는 한편 귀족들과 권신들의 토지를 노비와 농민들에게 골고루 나누어 주었다.

신돈은 참으로 급진적 개혁주의자였다. 그러나 안타깝게도 귀족들과 권신들의 질투와 모함에 휩쓸려 결국 반역으로 몰렸으며 그의 급진개혁정책은 성공을 거두지 못했고 그는 처형당했다.
　고려사를 비롯한 이조실록 등의 정사에는 요승으로 기록되어 있으나 야사에는 위대한 급진개혁주의자로 노비를 비롯한 소작농민들에게는 구세주와 같은 인물이었다.
　선자는 신돈의 고향인 영산출신이며 신익교 시인은 영산신씨 즉 신돈의 후대여서 창녕문화에 게재된 선자의 글을 접한 신익교 시인은 선자를 찾아와 신돈왕사에 대한 안타까운 심정을 토로키도 했다.
　각설하고 이렇게 하여 친밀한 교류를 해 오던 중 그의 삶에 대한 얘기와 근간의 행보에 대해 의견을 나누고 함께 도우기도 하면서 지내오던 참이었다. 그러다가 그의 젊은 시절에 대한 얘기를 들을 수 있게 됐다.
　서문에서도 밝힌 바 있듯이 신익교 시인은 한국해양문학에 대한 애착이 남달랐다. 그도그럴것이 그는 고향 계성에서 농사를 짓는 아버지를 도우며 형제들과 함께 자랐다. 그런데 그의 고향 계성은 밀양과의 경계인 골이 깊은 시미골에서 시작되는 개울을 통해 비가 오면 그 물은 옥천계곡을 거쳐 계성천에 도달하면 거대한 물길로 변해 계성천 인근의 토지들을 휩쓸고 지나갔다.
　그가 태어나던 해를 기점으로 계성천의 물이 범람하면 주위의 논밭들은 초토화 되었다. 그가 영산중학교를 졸업할 당시 그의 부친은 계성에서의 터전을 정리하고 부산으로 이주하게 되었다. 부산에서 고등학교를 졸업한 신익교 시인은 여전히 가난한 삶을 영위하고 있는 아버지와 어머니 그리고 가족들을 위해 큰 결단을 하게 되었다. 그것은 바로 외항선(상선)에 승선하게 된 일이었다.

신 시인의 인사시 에서도 잠시 언급되고 있지만 1960년대와 70년대 사이의 20대~30대 한국의 청년들은 송출인력이 되어 외항선원이 된 사람들이 많았다.

　신 시인은 해외취업 송출선원이 되어 피끓는 젊은 시절을 외항선에서 보내야 했다. 신 시인은 1970년 부산의 수영공항을 통해 일본으로 출국할 때 그의 부친은 짝지를 짚고 수영공항 대합실로 들어왔다. 아버지의 손에는 고국을 떠나는 아들에게 전하기 위해 그의 6대 조부 子. 지태(수와공)의 동해비문을 손수 탁본해 가지고 와서 어렵고 힘들 때 할아버지의 비문을 읽으면서 이겨내라는 말씀을 해 주었고 손에 꼭 쥐고 있던 우황청심환을 전해 주면서 눈물을 흘리셨다.

　이렇게 하여 시작된 그의 선상생활은 20여년 계속 됐다. 그의 아내는 남편이 보내 오는 생명과 맞바꾼 임금을 바탕으로 자녀들과 함께 슈퍼마켓을 차리고 작은집을 큰 집으로 바꾸고 부모님을 공양하고 자녀들을 교육시키면서 집안을 근사해 냈다.

　승선 시간으로만 계산 했을 때 그는 20년을 선상에서 보냈다.

　해수로 따지면 참으로 오랜 세월이었다. 그러나 감사하게도 그에게는 해양문학 사랑의 갈망이 있었다. 송출선원 해외취업 노보에 그의 글이 실렸다. 북양행 선실에서 남양행 선상에서 많은 한국의 선원들이 그의 글을 읽고 용기를 갖게 됐다.

　이렇게 하여 시작된 그의 문학의 갈망은 권위있는 문학지인 시와 비평에 해일의 숨결이 2003년 발표되었고, 삼아해양동시조 부문에 날치야 날아라 머얼리 멀리 날아라 2006년에, 그리고 2010년에는 디자인해양동시조에 어머니의 바다가 빛을 보게 되었으며, 2017년에는 전망해양시조를 통해 구룡산 고릴라가 2019년엔는 그의 해양 수필집 두뇌바다가 발행되었으며, 2022년에는 용궁의 불꽃이 발행되었다.

이 즈음에서 간과할 수 없는 것은 그의 고향 사랑이다.

그는 지난 2010년 어린 시절 어머니와 함께 땅을 일구고 농사를 지었던 땅을 찾아 나섰다. 계성천이 범람할 때 사라지기도 하고 또 다시 일구어 밭을 만들고 논을 만들었던 곳이었다. 일본인이 만들었던 지적도를 중심으로 지번을 찾고 현지를 답사하여 마침내 잃어버린 그 땅을 다시 찾아냈다.

그리고 그 시절 인근 이웃들의 땅도 찾아 돌려 주기도 했다.

다시 찾은 그 땅에 가장 먼저 그는 어머니를 생각하면서 "고부" 시비를 건립했다. 그리고 아담한 평수의 해송 신익교 문학 창작샘을 만들고 해양문학을 알리는데 일조하고 있다. 다시 찾은 그 땅에서 농사를 짓고, 때마다 철마다 수확한 농산물을 가족들과 일가친척들에게 보내주고 있으며 간간히 선자를 불러 수확한 농산물을 전해 주기도 한다.

이 뿐만이 아니다.

그는 그가 다녔고 졸업했던 계창초등학교를 찾아 그의 시집 "날치야 날아라 머얼리 멀리 날아라" 와 어머니의 바다, 구룡산 고릴라, 두뫼바다, 용궁의 불꽃 등을 전해 주면서 어린 후배들과 교직원을 대상으로 특강을 하기도 하고, 창녕문화원과 남명학부산연구원 연구위원, 사단법인 편조사상연구위원회 연구위원으로, 해송 창작샘 회장으로 활발한 활동을 이어가고 있다.

2. 평설

이번에 발행되는 횃불밝힌 청룡은 1부 단시조, 2부 연시조, 3부 사설시조 등으로 나뉘어져 있다.

1부 단시조 부분에는 해일의 숨결을 비롯하여 무지개 언덕, 어머니의 바다, 계성천(청룡천), 항구, 고깃배, 모로코 등산길, 등을 담고 있으며, 2부 연시조 부분에는 " 황파, 항로 영일만 불꽃, 닻을 올려라, 카리브해, 부산해전, 캄차카 항로, 북극해의 봄, 냉동 운반선, 황천항해, 뱃길, 섬마을 등을 담고 있으며, 3부 사설시조 부분에는 북양길, 상어꼬리, 끼륵끼륵, 무궁화, 유조선, 해양개척, 내영토, 땅끝마을, 송출선, 용광로 등을 담고 있다.

   1,2,3부에는 위에서 언급한 대로 시조를 포함 모두 70편의 시조를 담고 있다.

   첫번째 등장하는 인사시를 살펴보자.

   인사시란 말 자체가 신선하게 다가온다.

   이 시는 1연 7행의 자유시에 해당 되는데 3,4조의 율로 인해 명쾌함을 안겨주고 있다.

   "새로운 꿈을 향해 / 배한척 띄울거야 / 고래랑 물새들과 / 바다에 벗이 되어 /

   항해에 / 거친 황파에도 / 배한척 띄울거야" – 인사시 전문 –

   참으로 명쾌하다. 군더더기 하나 없다. 신익교 시인의 삶을 대변해 주는 자유시조다. 인사시로서 자신의 삶과 연계하여 이토록 명쾌한 시를 창작 할 수 있다는 것은 참으로 기분좋은 일이다.

   신익교 시인의 경우는 선자와 열일곱살 나이 차이가 있다고 보면 금년들어 86세가 된다.

   나도 이와 같았으면 하는 생각을 하게 된다. 86세의 어르신이지만 그의 인사시를 보면 그는 아직도 젊은 청년이다.

   문득 중국의 고전 대학의 한 구절이 떠오른다.

   박학하라(널리 배우라), 심문하라(자세히 물어라), 신사하라(깊이 생각하라), 명변하라(분명하게 판단하라) 독행하라(독실하게 행하라, 틀림없이 실천하라)는 말이다.

   우리는 생각해야 한다. 어떻게 사색해야 하는 것인가. 행동인과 같이 사색해야 한다.

 현실에 굳건한 발을 디디고 강한 실천적 정열 속에서 사색해야 하는 것이다. 사실 생각해 보면 그렇다. 꽃은 열매를 맺기 위해서 피는 것이다. 사색은 행동을 위해서 있는 것이다.

 신익교 시인 그는 86세의 어르신이지만 그의 시의 갈망은 아직도 희망이 솟구치는 젊은 청년이다. 그의 삶의 현장인 창녕군 계성면 계성로 번지에 가보면 그는 다시 찾은 어머니의 땅에서 고구마, 양파, 마늘, 호박, 땅콩, 토마토 등을 심고 가꾼다. 엄청난 무게의 비료도, 거름도 젊은 청년처럼 다룬다. 그리고 수학한 농산물은 가족들과 지인들에게 보내 주고 있다.

 그런가 하면 신 시인이 선자를 찾아 왔을 때의 모습이 떠오른다. 짙은 감청색 양복을 입고 나타난 그는 짧은 하얀 머리칼이 너무나 잘 어울리는 중년신사였다.

 지금도 가끔 양복을 입은 그의 모습을 볼때가 있는데 여전히 멋있는 중후한 신사다.

 문득 붓다가 그의 애제자인 아난에게 대답한 말이 떠오른다.

 아난이 붓다에게 묻는다.

 "선생님 선생님이 돌아가시면 저희들은 누구를 믿고 무엇을 의지하고 살아가면 좋겠습니까?"

 그때 붓다는 말했다.

 "자기 자신을 등불로 삼고 살아야 한다. 내가 등불로 삼을 것은 돈도 아니요, 지위도 아니요, 권력도 아니요, 타인도 아니요, 진정한 자기 자신이다. 내가 나의 주인이요, 내가 나의 등불이다.(자등명)"

 붓다는 이렇게 아난에게 대답한 후 "게으르지 말고 노력하라"고 당부했다.

 연이어 등장하는 시는 "뱃사람"이다.

"먹구름 밀려 온다 / 파도가 / 허공을 친다 / 물기둥 / 우뚝 솟는다 / 수정궁 짓는거다 /

서로들 / 하나가 되어 / 어둠 동굴 / 밝힌다"　　　- 뱃사람 전문

3, 4조의 율에 하늘과 바다와 땅을 조화시킨 단시조다.

뱃사람은 파도가 허공을 치고 물기둥이 우뚝 솟아도 서로들 하나가 되어 그 어렵고 힘든 난관을 극복해 나가야 한다는 뉘앙스가 담긴 시다. 서로들 하나가 되는 일은 매우 어려운 일이다.

마음이 하나가 되어야 하고 행동이 하나가 되어야 하는 것이다. 그렇게 되기 위해서는 "세심정혼" 즉 마음을 씻고 혼을 정화시켜야 하고 "심권경작" 마음의 밭을 가꾸어야 가능한 일이다.

그후에는 신익교 시인의 표현대로 어두운 동굴을 밝힐 수 있게 되는 것이다.

다음으로 선자의 눈에 들어온 시는 "항구"란 시다.

이 시는 신앙적 자유시로 4연16행으로 구성돼 있다. 각 연을 4행으로 통일시킴으로 정형적 자유시라고도 할 수 있다.

주목해야 할 어휘들이 있다.

그것은 "사랑"과 "가시면류관" "선홍빛 보혈" 님의 깊은 절규, 죽음보다 더 강한 사랑, 더 붉은 나의 죄악 사망권세 이기신 부활의 님이시여 믿는 자의 소망되신 님의 승리여"

정형적 자유시에 사망권세 이긴 부활의 님과 믿는 자의 소망, 님의 승리여 등의 어휘로 볼 때 그는 부활의 신앙을 가진 것으로 보인다.

천상병 시인의 귀천을 매우 닮아 있다.

"아름다운 이 세상 소풍 끝나는 날 / 가서 아름다웠다고 말하리라"
- 귀천 일부 -

항구의 테마로 이러한 신앙시를 마무리 할 수 있는 안목을 가

진 시인은 그리 흔치 않다. 그의 신앙적 진군에 박수를 보낸다.

2부 연시조 부문을 살펴 볼 차례다.

가장 먼저 "황파"란 시가 얼굴을 내민다.

황파는 사납게 부딪치는 파도를 뜻한다.

"남·북극 양극점에 생존의 깨우침을 / 빙산의 과학기지 탐구심 젊은 학도 /
고난의 탐구 열정에 한계단씩 밟는다. /
빙산꽃 하얀 가시가 심장을 겨누고 / 토우 전재규 화신 조국애 애틋 사랑 /
밝아온 미래의 길목에서 길안내를 합니다"   - 황파 일부 -

파도가 사납게 부딪쳐 와도 남·북극 양극점의 빙산위에 과학기지를 구축하고 수경재배 크릴새우, 종자씨앗을 연구 개발하여 조국에 이바지하고자 하는 연구원들의 그 애틋 사랑을 노래한 시다.

그리고 부제로 토우극락왕생이라는 제목을 달고 있다.

극락왕생은 불교의식의 하나인데 사람의 영혼을 극락왕생하게 하는 49재를 다른 말로 영산재라고 하는데 영산재의 영산은 중인도에 있던 옛왕국 마갈타루의 영취산에서 유래된 것이다.

이 산이 유명해진데는 붓다가 이곳에서 법화경을 말하자 하늘에서 꽃비가 내리고 성스러운 음악과 춤으로 수많은 대중과 신들이 감동을 받았다고 하는데 이때의 광경을 영산회상이라 하는데 이를 재현한 것이 영산재다.

이 영산재는 국가의 안녕과 군인들의 무운장구를 위해서도 행해지고 있다고 한다.

1973년 중요무형무누화재로 지정되었고 2009년 유네스코 세계무형유산에 등재되어 전통문화로서의 가치를 국제적으로 인

정받았다고 한다. (국가유산채널 참고)

또 한편 유난히 눈에 드는 시가 있다.

"고부"다.

가난을 지아비로 / 고부가 심은 묘목 / 거름놓고 / 북돋구어 / 튼실한 / 열매맺어 /

어언간 / 한세기 / 넘나든 세월 / 알찬 살구 / 대롱대롱

이 시는 신 시인이 그의 어머니를 그리며 지은 시다.

그의 어머니는 계성천이 범람하여 휩쓸고 지나가면 어렵살이 마련한 논밭이 흔적없이 쓸려 내려가도 의연했던 것 같다.

신 시인은 어머니를 그리며 어머니와 함께 가꾸었던 그 땅에 나무를 심고 각종 채소를 심어 가꾸면서 이 시의 주인공인 어머니를 그리면서 시비를 세우고 잘 관리해 오고 있다.

우리가 본받아야 할 일이란 생각이 든다.

3부 사설시조 부문을 살펴 볼 차례다.

3부에는 북양길을 시작으로 도합 19편을 담고 있다.

북양길은 3연12행의 자유시다.

항해를 하다 보면 바다위에서 생활해야 한다.

"한달분 먹거리로 생사의 기로선상 / 저 늙은 장독대는 가푼숨 몰아치고 /

바다에 운명걸고 이내 마음 다 잡는다 / 냉동선 방문 독항선 손을 내민 동료애"   – 북양길 일부 –

승선한 사람들에 비해 남은 양식이 동이 날 지경이다.

때마침 곁을 항해하던 냉동선(독항선)에서 부족한 양식을 채워 준다는 내용이다.

신 시인은 이 상황을 "동료애"로 정리하고 있다.

3부의 사설시조 부문에서 유난히 돋보이는 시가 있다.
"무궁화"란 시다.
 우리네 가꾼 꽃잎 피고지며 풍긴 향기 / 자원 빈약해도 근면정신 자원인데 /
 뭉치면 살 것이요 등돌리면 도로가미 / 쿵덕쿵 쿵더덕쿵 해상에 만난 동료 /
 동료에 진한 우정 더욱 더 진하고나 / 도전의 굳건한 기상 꽃피우는 무궁화 / – 무궁화 일부 –

 한국인의 기지를 무궁화에 결부시켜 초장 중장 종장으로 마무리 하고 있는 시다.
 망망대해에서 만난 송출선원들이 진한 동료애로 정을 나누는 모습을 잘 정리하고 있다.
 우리 사람에게는 저마다 자신이 지고가야 할 십자가가 있는 법이다.
 십자가는 무거운 짐이며 견디기 어려운 고난이며 시련이고 피할 수 없는 운명을 말하는 것이기도 하다.
 어떤 사람은 가벼운 십자가를 지고 살아간다.
 또 어떤 이는 무거운 십자가를 지고 살아간다.
 한 시대에는 한 시대의 십자가가 있고 한 민족에게는 한 민족의 십자가가 있는 법이다.
 1960~70년대 한국의 청년들에게는 가난이라는 십자가가 주어져 있었다.
 그래서 당시의 대다수 한국청년들은 가난에서 벗어나기 위해 독일의 광부로, 간호사로, 송출선원으로 그리고 연이어 월남전 파병에 뛰어 들어야 했다.
 이런 분들의 희생이 있었기에 그 바탕위에서 오늘의 대한민국

이 존재하게 된 것이란 생각이 든다.

60~70년대 젊음을 모두 바쳐 헌신했던 우리의 선배들께 머리 숙여 감사의 인사를 전하고자 한다.

사설시조의 마지막을 장식하고 있는 시는 "새로운 세상길"이다.

"새아침 황금바다 부글부글 용광로다 / 저 닻 마디마디 내지른 비명소리 /

큰별 작은별들 우수수 떨어지고 / 한해가 지나가면 또 한해가 도래하듯 /

땀흘려 가꾼바다 새로워진 신세상 ..."   – 세상길 일부 –

우리 사람의 삶은 그렇다.

우리 모두는 의미있는 말을 하고 의미있는 행동을 하고 의미있는 생활을 해야 한다.

산다는 것은 의미를 추구하는 것이다.

"큰별, 작은별들 우수수 떨어지고" 부분에서는 목이 메인다.

나라를 위해, 가문을 위해 송출선원으로, 광부로, 간호사로, 파병용사로 나섰던 그들의 희생을 상징하는 시다.

결코 오늘을 사는 우리는 그 분들의 희생을 잊어서는 아니된다.

3. 결어

이상으로 신익교 시인의 시조집 "횃불 밝힌 청룡"에 담긴 시들에 대해 평설해 보았다.

50~60년대 한국의 젊은이들은 나라와 가족들을 위해 희생의 잔을 들어야 했다. 그 중의 한 사람이 오늘의 주인공인 해송 신익교 시인이다.

그는 부모형제, 자녀들을 남겨 두고 송출선원이 되어 피끓는 젊음을 바다위에서 보내야 했다. 그의 희생은 오늘의 대한민국이 있게 하는데 일조했다고 본다.

개인적으로는 그로 하여금 해양문학에 대한 애절한 갈망을 갖게 했다. 그 결실이 "횃불 밝힌 청룡"으로 거듭나게 된 것이다.

그는 해양문학과 관련해서 동백문학상 우수상을 받았다. 실상문학작가상을 받았다.

부산 연산동 가정의 날 효자상을 수상했고, 제1회 연제문학 본상을 수상했고 실상문학상도 수상했으며, 중앙에서 문학상 등을 받았다.

너무나 당연한 일이라고 생각한다.

이번에 발행되는 "횃불 밝힌 청룡"도 독자들의 사랑을 듬뿍 받는 시집이 되기를 빌면서 필을 놓는다.

북극해의 봄

신명사도(神明舍圖)

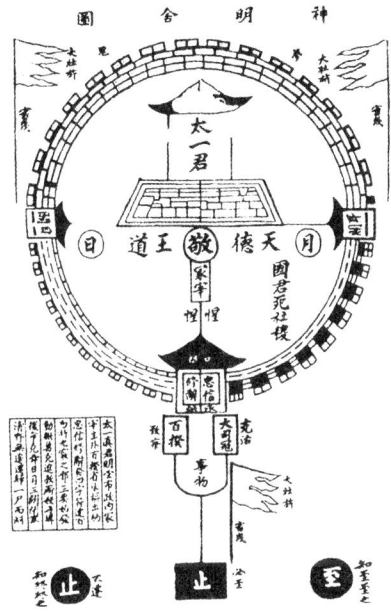

남명 조식의 처사관이 지니는 현대 교육적 의미

Keyword 남명, 조식, 처사관, 교육

 문미회교 ... 파일.pdf   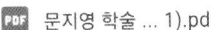 문지영 학술 ... 1).pdf

感謝牌

第2108號　시조시인 신익교

貴下께서는 海上生活의 經驗을 바탕으로 海洋文學 創作活動에 盡力하였으며 특히 月刊「海바라기」에 많은 作品을 寄稿하여 海洋思想 鼓吹 및 海技職業의 弘報에 寄興한 功勞가 至大하므로 協會 創立 56周年을 맞아 이 牌를 드립니다.

2010. 7. 30.

社團法人 韓國海技士協會
會長 閔 洪 基

상 장

제21-106호

대한민국 문화예술 명인대전 명인대상

『문학』부문　　신 익 교

귀하는 사단법인 지구촌문화예술나눔운동본부가 주최한 문화예술 창달과 평화통일 기원 「제16회 대한민국 문화예술 명인대전」 공모전에서 우수한 성적으로 선정되었기에, 이에 상장을 수여합니다.

2021년 12월 8일

국회 문화체육관광위원회
위원장 이 채 익

동백문학상

동백2009-17호
우수상　　신 익 교
　　　　　　(시조시인)

위의 분은 제20회 동백문학상 심사위원회에서 우수상 수상자로 선정하였기에 이 상을 드립니다.

서기2009년 4월 28일

동백문학상 운영위원회
위원장 최 종 섭
동백문학상 심사위원회
위원장 오 승 희

獎 勵 賞

신 익 교

貴下께서는 우리銀行 創立 4周年 紀念 『第3回 우리勤勞者 文藝作品 懸賞公募』 隨筆部門에서 위와 같이 입상하였기에 이 牌를 드립니다.

1996. 11. 2

株式會社 平和銀行
銀行長 朴 鍾 大

상 장

제한-4호

원서조부
장려상

주소: 창녕군
성명: 신 익 교

귀하는 제35회 전국시조경창대회에서 위와 같이 입상하였으므로 상장과 부상을 드립니다.

2024년 10월 26일

제35회 전국시조경창대회 대회장 성낙전
사)한국전통예악총연합회 창녕지부장 신용태

상 장

제 2021-41호

대한민국을 빛낸
자랑스런 재능나눔 봉사인대상

『사회봉사』부문　　신 익 교

귀하는 사단법인 지구촌문화예술나눔운동본부가 주최한 문화예술 창달과 평화통일 기원 「제16회 대한민국 문화예술 명인대전」 공모전에서 우수한 성적으로 선정되었기에 이에 상장을 수여합니다.

2021년 12월 8일

사단법인 지구촌문화예술재능나눔운동본부
대한민국문화예술명인대전운영위원회
본부장 김 병 관

신익교 시집

횃불 밝힌 청룡

인쇄일_ 2024년 11월 20일
발행일_ 2024년 11월 30일
발행인_ 신익교
디자인_ 도서출판 평강
펴낸곳_ 도서출판 평강
　　　　　창원시 마산합포구 남성로 28
　　　　　☎ 055) 245-8972
　　　　　E-mail. pgprint@nate.com

ISBN 979-11-89341-35-0　03600

· 도서출판 평강과 저자의 서면 동의 없는 무단 전재 및 복제를 금합니다.
· 저자의 협의에 따라 인지는 생략합니다.